सलवटों का सरगना

(कविता संग्रह)

सलवटों का सरगना

अनिल कुमार श्रीवास्तव

भारतीय ज्ञानपीठ

लोकोदय ग्रन्थमाला : ग्रन्थांक 1483

ISBN : 978-93-90659-87-6

सलवटों का सरगना

(कविता-संग्रह)

अनिल कुमार श्रीवास्तव

SALWATON KA SARGANA

(Poetry Collection)

by Anil Kumar srivastava

सिटी प्रेस, दिल्ली-110 095 में मुद्रित

Published by

Bharatiya Jnanpith

21-A, Daryaganj, New Delhi-110002

Ph.: +91 11 23273167, 23275710

e-mail : vaniprakashan@gmail.com

sales@vaniprakashan.in

website : www.vaniprakashan.com

First Edition : 2024

Price : Rs. 325

अनुसूची

मेरे भीतर का सूर्य

"सही है, दर्द की इन्तेहां ठहाके देती है।
असली ठहाके वे ही लगा पाते हैं जो
टूटन से सराबोर हों।
हँसी की टूटन और आवाज़ ही तो हैं
ठहाके !

और जमकर ठहाके लगाकर कहता हूँ,
कि मेरी कविता–पुस्तक मेरे मरने के बाद
प्रकाशित होगी।

जब समाज अपनी रोटी नहीं कमा पा
रहा है तो मेरी कविता- पुस्तक
प्रकाशित करने की उससे उम्मीद कैसे
की जा सकती है ?

सच सुनने के लिए कलेजा चाहिए !
एक सच्ची कविता की एक पंक्ति सुनो
तो जीवन भर याद रखोगे।"

– अनिल कुमार श्रीवास्तव ''कालजयी''

अनिल कुमार श्रीवास्तव

एक परिचय

क्या करेंगे बैठ कर रूमानियत की डाल पर
जब हमारी आँख में मोती नहीं,

जिसकी आँख में मोती होता है कवि हो जाता है, प्रेम और प्रिय का वियोग तो सामान्य व्यक्ति को भी कवि बना देता है। किसी झुग्गी से गुजरते हुए उसकी दुर्दशा और भूख पर जो जन्म ले वह महान कविता होती है, किन्तु जब उसी मोहल्ले में अपनी सारी सुबहें, दोपहरें, शामें, और रातें बसती हों, जब स्वयं की अतड़ियाँ भूख से सिकुड़ रही हों, जब ज़माने भर की बैचैनियाँ, बद्तमीज़ियाँ, बदमिजाज़ियाँ ,बेइज़्ज़तियां सर से पैर तक अपने अस्तित्व को जकड़े हुयें हों, जब किसी की खुली आँख में अपनी ही प्यास और आँख बंद करने पर भी दूर दूर तक मरुथल ही दिखता हो ऐसे में कविता फूटे कि –

भूख मेरे
झूमर वाले शब्दों की
हस्त–रेखाएँ मिटा चुकी है,
और काफी देर से सूरज
जो एक ही माथे पर टिका हुआ है
उससे मेरी कलम की
धमनियों का खून
तमतमा उठा है;

तब इस कविता में कोई मिलावट नहीं होती। यह शुद्ध सत्य, शुद्ध भाव होता है, जो रोशनी के एक ही माथे पर टिके रहने का विद्रोह करता है। ऐसा कवि वरदानी कवि होता है। ऐसे ही एक वरदानी कवि ने **अनिल कुमार श्रीवास्तव** के रूप में 14 अप्रैल 1942 को जबलपुर में श्री अम्बर प्रसाद श्रीवास्तव जो पुलिस विभाग में सूबेदार थे एवं श्रीमती नर्मदा देवी की सात जीवित संतानों में छटवीं संतान के रूप में जन्म लिया।

आरंभिक 8-9 वर्ष तो पुलिस लाइन के रहस्यों एवं रोमान्चों के बीच अपार शरारतें करते हुए आराम से बीते। 1950 में पिता के सेवानिवृत्त होने के बाद अभावों ने दस्तक देनी शुरू की। छोटी सी उम्र में दूध बेचना, किराए की साइकिल पर मीलों मनिहारी का सामान बेचना और उससे मिलने वाले सिक्कों की रोज़ शाम को गिनती करके माँ को देना, क्योंकि इस समय तक घर में माँ और छोटा भाई ही साथ में थे जिनकी पूरी जिम्मेदारी लगभग इन्ही के कन्धों पर थी। ये वो समय था जब खाना पकाने के लिए रोज़ लकड़ी काटना और कुएं से पानी भर कर लाना भी दिनचर्या का हिस्सा हुआ करता था। शायद इन्ही परिस्थितियों ने उनमें हर मुसीबत चाहे वह किसी घटना के रूप में हो या व्यक्ति के रूप में उससे भिड़ जाने की प्रवृत्ति पैदा की। मेहनत और पढ़ाई साथ-साथ जारी रही और 11 वीं की परीक्षा विज्ञान विषय के साथ बहुत अच्छे नंबरों से पास करने पर मौका बहुत अच्छा था, बड़ी आसानी से मेडिकल या इंजीनियरिंग कॉलेज में दाखिला हो सकता था क्यूंकि उस समय मेडिकल और इंजीनियरिंग में दाखिले का एक मात्र आधार 11वीं के अंक हुआ करते थे पर पैसे का अभाव और कर्त्तव्य कुछ और ही चाहते थे। इन्ही अच्छे नंबरों की बदौलत जनगणना विभाग में क्लर्क की नौकरी मिल गयी। स्थितियाँ सुधरीं ज़रूर पर अनुकूल नहीं हुईं। साक्षात् कर्मठता ज़िम्मेदारी अपने कंधों पर उठाये हुए थी। घर का अपने हिस्से का काम, नौकरी, B.COM. की पढ़ाई और इसी समय कहीं कविता ने भी इस कर्मठता का हाथ थामना स्वीकार कर लिया। उनके छोटे भाई के शब्दों में 'रात में 1 बजे भैया अपनी साइकिल तेज़ी से चलाते हुए कहीं निकल जाते और जब लौटते तो उनके साथ एक कविता होती और शरीर से बहता पसीना ये बताता कि शायद वो कहीं रुके नहीं।

कैसा अनोखा मिश्रण था वो शरीर बॉडी बिल्डर का, ताकत खिलाड़ी की, कर्म सीमा में युद्धरत किसी सिपाही का, पेशा सरकारी अकाउंटेंट का, बुद्धि एक अफसर की और मन एक कवि का। आवाज़ का ओज ऐसा कि जब भी मंच से कविता गूंजती लोग अपनी जगह छोड़कर खड़े हो जाने को मजबूर हो जाते। कैसा महामानवीय बिम्ब उतरता है आँखों में।

ये समय 1962 से 1978 तक था, जब कवि सम्मेलनों एवं गोष्ठियों में अनिल श्रीवास्तव की आवाज़ ओज बनकर गूंजी ऑल इंडिया रेडियो हो या सूचना एवं प्रसारण मंत्रालय के कवि सम्मलेन सभी में इनकी भागीदारी निरंतर थी। कॉलेज की साहित्यिक पत्रिका नर्मदा का संपादन तो मात्र आरम्भ था। धीरे-धीरे साहित्य जगत उनकी प्रतिभा से परिचित हो रहा था। नव भारत, युग धर्म, समाज सेवा, नव प्रभात, जबलपुर समाचार, हितवाद, दमोह का कर्त्तव्य, सार समाचार, इंदौर का

नईदुनिया, नवीन दुनिया जैसे अखबारों में इनकी कवितायें एवं लेख निरंतर प्रकाशित हो रहे थे, साथ ही धर्म युग, पहुँच, नवीन दुनिया विशेषांकों जैसी पत्रिकाओं में भी इनकी रचनाएं प्रकाशित हुईं।

इसी दौर में उन्होंने M.COM. कर लिया तथा होम गार्ड डिपार्टमेंट में तीन प्रोमोशन भी प्राप्त किये। साहित्य यात्रिक के रूप में श्री रामेश्वर शुक्ल अंचल जी का इन्हें विशेष स्नेह प्राप्त था, अंचल जी की इच्छा थी कि वे औपचारिक रूप से भी हिंदी साहित्य में डिग्री प्राप्त करें इसलिये उन्होंने हिंदी एम. ए. में एडमिशन भी लिया।

प्रतिष्ठित समाचार पत्र नव भारत के तत्कालीन संपादक श्री कलिका प्रसाद दीक्षित 'कुसुमाकर' ने विशेष रूप से इनका परिचय अपने अखबार में छपवाया। उस दौर में उनकी सर्वाधिक प्रकाशित व सराही गयी रचनाओं में कवितायें **दुराव, राह की माँ, यह अमावस का पहर है, भूख, परिवेश, मेरे शहर के लिए, ओ मेरे प्रदेश के मुख्य मंत्री, एक अंधी कविता, गीत लैम्पपोस्ट के दिए के उदगार, जला ठूंठ, तुम भर मेरी आशाओं को पथ उनका दिखलाते चलना, हम जहां चल दिए ,तेरी इच्छा पर निर्भर हूँ**

गद्य **मिस चुड़ैल से एक भेंट** प्रमुख हैं।

गढ़ा के एक ऐसे मोहल्ले में जहाँ बारिश का पानी घरों में घुसता था वहीं के एक दो कमरे के कच्चे झोपड़ीनुमा मकान में जहाँ फर्नीचर के नाम पर एक मेज़ और एक कुर्सी थी, रहते हुए तत्कालीन मेयर को ऐसी चिठ्ठी लिखी कि परिणाम ये हुआ कि मेयर साहब खुद ही चले आये भरे पानी में अनिल श्रीवास्तव का घर पूछते-पूछते और कुछ महीनों में सड़क भी बन गयी। ये था उनकी लेखनी का जादू।

1968 में जबलपुर सहित्य संघ के चुनाव हुए, मात्र 26 वर्ष की आयु में 1968 -1969 में वे जबलपुर साहित्य संघ के प्रचार मंत्री रहे इसी समय शहर की प्रतिष्ठित साहित्यिक संस्था मिलन के साहित्य विभाग के संयोजक भी बने।

इन सभी गतिविधियों के बीच ही SSB की सेकंड लेफ्टिनेंट की परीक्षा पास की इसकेबाद भी वे क्यूँ ज्वाइन करने नहीं गए ये आज भी एक रहस्य है। MPPSC की परीक्षा भी पास की और साक्षात्कार के लिए उन्हें बुलाया गया। अब आप इसे उनके मन में पनपने वाले विद्रोह की आग कहें या भाग्य का खेल कि सारा साक्षात्कार अच्छा होने के बाद साक्षात्कार कर्ताओं से हुई ज़ोरदार बहस के बाद उन्होंने चयन की आशा छोड़ ही दी और हुआ भी ऐसा ही।

उनके संकल्पों की दृढ़ता का परिचय तब मिला जब उन्होंने युवा संकल्प

नाम के अखबार का संपादन किया ततपश्चात् स्वयं एक अखबार निकाला '**आदमी**'। जिसका उद्घाटन किसी मंत्री, नेता या सेठ से नहीं बल्कि एक रिक्शेवाले से करवाया। वे मात्र शब्द नहीं थे जो उनकी लेखनी से निकलते थे वे संकल्प थे जो उन्होंने साक्षात् अपने जीवन में जिए। उनके अनुसार "जब साहित्य में, नौकरी में हर जगह ही व्यापार है तो पाखंड क्यूँ करना सीधे-सीधे व्यापार ही क्यूँ न करें"। 15 साल की सरकारी नौकरी से इस्तीफा दे दिया और एक खदानों के ठेकेदार की तरह व्यापारी की भूमिका में नया जीवन शुरू किया। पुरुषोचित गुण कर्मठता, महत्वाकांक्षा, आत्मविश्वास से लबरेज़ इस व्यक्तित्व ने एक के बाद एक सफलता के झंडे गाड़े। ऊँचाईयां तो व्यापार में भी पायीं पर संकल्प नहीं टूटे। वंचना और वंचितों का प्रतिनिधित्व वे भूले नहीं। एक कवि हृदय के लिए पैसा पकड़ना और व्यापार करना आसान नहीं हुआ। वो अभाव जो जीवन के साथ शुरू हुआ वो संघर्ष बनकर चलता ही रहा।

27 अक्टूबर 2019 बीमारी से उनके शरीर छोड़ने के बाद यह कहानी खत्म होती सी लगती है किन्तु कहानी बस इतनी ही नहीं है कहानी तो अभी बहुत लम्बी है उनकी लगभग 1500 कवितायें, व्यंग्य, लेख कहानियाँ उनकी कथा निरंतर कह रहीं हैं और आगे भी कहती रहेंगी और उन्ही के शब्दों में

"**और जब कहानी अभी खत्म ही नहीं हुई तो वो कहीं से भी स्टार्ट ले सकती है......**"

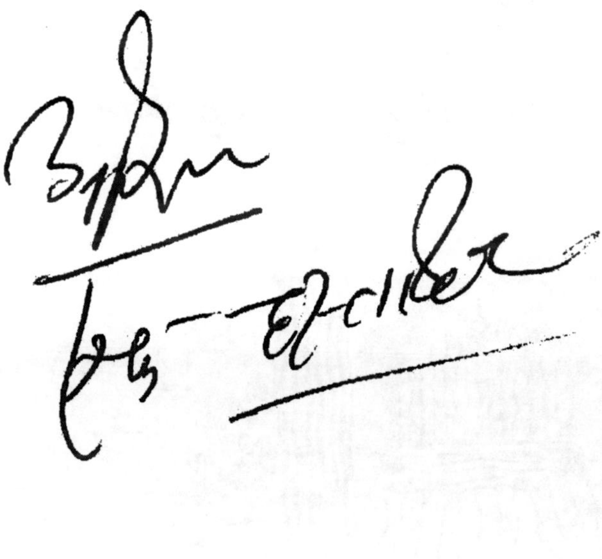

चित्र – अंजली राउत

शब्द

सीढ़ियों पर चढ़ते हुये शब्द
सीढ़ियों से उतरते हुये शब्द
शब्द वृक्ष पर चढ़ते हुये
नदी में तैरते हुये
नहाते हुये पनघटों पर
अपने वस्त्र सुखाते हुये
तटों पर
खामोश बैठे एकान्त में
मरघटों पर
शब्द चलते हुये सड़कों पर
चिताओं पर चीत्कार करते हुये
अपने कारण
सभी नामों की हस्ती
स्वीकार करते हुये

अंधे दृश्य

सारी आवाज़ें हैं बहरी
दृश्य सभी अन्धें हैं –बस

अनिश्चित, कहाँ मिले जल
कहाँ मिले शिला
खोज के बवंडर चले
प्रश्न नहीं हिला ;
दृष्टि कोई भी नहीं गहरी
आँख तो निरर्थक हैं – बस

चाहे अंगड़ाओ, उठो
बैठो या चलो
चाहे हो जो – मृत्यु ,
सूरज सा जलो।
धूप कोई भी नहीं ठहरी
दिन बेबस नर्तन हैं – बस।

बीता न कोई आगत
सब अर्वाचीन ,
एक भी शब्द न बोलो
और अंतहीन
समय एक क्रम, एक प्रहरी
एक नग्न परिवर्तन – बस।

समय

समय कातता सूत
सूर्य के चरखे पर,
सुबह बनाती लच्छियाँ,
दिन बुनता है वस्त्र
बैंजनी शाम के,
अंगुलियों में प्रहर
सलाई थाम के,
सुलझा - सुलझा गुत्थियाँ

वातावरण

मेरे सिर में
बहुत तेज दर्द हो रहा है
एक कसा हुआ दर्द

मैं,
आदम का वंशज हूँ
और मेरे सिर में
टूट-टूट कर दर्द हो रहा है
ऐसा लगता है
कोई फूट-फूट कर रो रहा है
कोई किसी शाम का
कलेजा निकाल
नमक के पानी से
हँस-हँस कर धो रहा है ;
कैसा तमाशा है ?
मंच पर
रेशमी कलाई पर
चुने जा रहे हैं
काँच,
और लोग तालियां बजा रहे हैं
नहीं,
मैं नहीं देख सकूंगा

नाटक के इस समाजवादी अंक में
अपने पड़ोसी का
भूख से अंधी गली में मरना,
फिर भी आदमी का न डरना
नहीं,
यह सब "लाईट-ऑफ" हो जाने के
बाद होगा
अभी मैं इन्सान को सिर का दर्द सहन करते
नहीं देख सकता।

मृत्यु की आकांक्षा

जब आदमी
जन्म से ही है "लिटिल"
यानी,
वह जो कुछ अपने आप करेगा
उसमें पुण्य कम,
ज़्यादा पाप करेगा
और
यह बात भी स्वयं सिद्ध है
कि अपना समाज गिद्ध है
स्वार्थ की दृष्टि लिये
मनसूबों के मांस के लोथड़ों पर
टूटता हुआ
भगवान तो दूर
आदमीयत से तकरीबन पूरी तरह
छूटता हुआ
हर कोई बुराइयों से ऊबा
और
आदमी होने के कारण
बुराईयों में सिर-पैर से डूबा
तो फिर,
कौन सा तर्क पेश है ?
कि पाप का भरा हुआ घड़ा
फूटने को शेष है;

अस्तु
मुझे कोई भ्रम,
कोई आशा नहीं है
कि, यह संगठन
गौर करेगा अपनी नीयत पर
आदमी
फिर वापिस आएगा आदमीयत पर
इसीलिये,
मैंने अस्वीकार दिये हैं
सृजन;
मैं एक नये समाज को
जन्म देना चाहता हूँ
और
खोखली नींव के
मकान की दीवारें
सहेजना,
बिना हथियार के
अपने आप को
युद्ध पर भेजना
व्यर्थ है।
इसका सिर्फ एक अर्थ है
पहले यह समाज
नष्ट हो
चाहे मुझे और मेरे परिवेश को
उसमें कितना भी कष्ट हो
सृजन का मतलब
विकास के पथ पर रोड़े लगाना है
आदमी की सड़ गई नस्ल पर
सुधारवादी कोड़े लगाना है।
और
क्या ये संभावना सटीक नहीं ?

कि,
इस समाज की मौत के बाद
जो जन्मे वह वो हो
जिसमे कोई कमी न हो
जहाँ ऐसा न हो
कि,
आदमी का शरीर तो हो
पर आदमी न हो
हाँ,
नये समाज के जन्म के लिये
"मैं मृत्यु का आकांक्षी हूँ"

अलविदा !

ऐ किनारे !
बांध न तू पाँव मेरे,
मैं विश्व का संताप लेकर
लहर के वक्ष में ही
जा बँधूंगा

कुटिलता की वक्र कड़ियाँ
गीत का मेरे बनेंगी स्वर ;
पिपासित भावना का रूप लेकर
कौन सा वह गीत ?
जिसके,
शब्द टूटे और बिखरे
मैं उसे संगीत दूँगा
और माँगों को
अधूरी जो,
मुँह मांगा सिन्दूर दूँगा
बाँध दूँगा पाट सागर पर,
हिमालय को चुमा दूँगा
पद रसातल का,
खिलाऊंगा
अनोखे फूल मरुथल में
और
मरघट के सभी निगले हुओं को
ज़िन्दगी दूँगा

मिला दूँगा चाँदनी को
मैं सबेरे से
ऊषा को साँझ से भी
और सूरज को खिलाऊंगा निमंत्रण
मौन रजनी की कुटी पर
जा रहा हूँ
अलविदा !
मैं आज पथ की ओर

भूख

भू SSSSSSSS ख
मेरे झूमर वाले शब्दों की
हस्त रेखाएं मिटा चुकी है।
काफ़ी देर से
सूरज
जो एक ही माथे पर रुका है
उससे मेरी कलम की धमनियों का खून
तमतमा उठा है।
अब
तिलमिलाहट
सारा का सारा खोखलापन,
एक प्रकाश-द्वार-हीन
बंद दरवाजों वाला कमरा
मेरी पोशाक हो गए हैं।
ओ मेरे शब्द !
चुप रहने का दुराग्रह मत कर;
उबलने दे कलम का खून
अन्यथा
ठन्डे हो जायेंगे आँसू।
अपने पिता से
मनचाहे खिलौने प्राप्त करने की प्रथा
अब नहीं रही...

चित्र – अंजली राउत

कल रात मोहल्ले में
किसी ने
खून ले अनाज के दाने बांटे !
बच्चे
रोटी के स्थान पर खाते हैं चांटे !

मेरा प्यार बाँध दो....

ये सूने सूने दरवाज़े
कुम्हलाई कुम्हलाई आँखें
कुछ पर वन्दनवार बाँध दो
कुछ पर मेरा प्यार बाँध दो

जिन चरणों पर घुटने तक हो धूल
उन्हें अर्पित गंगाजल
जिन नयनों पर झुकते नग्न बबूल
मैं बनूँ उनका काजल
जिन मुखड़ों पर धूप पकड़ती तूल
मैं बनूँ उनका बादल
जिन नावों के उखड़ गये मस्तूल
मैं बनूँ उनका संबल

घबराये-घबराये मांझी
डगमग-डगमग होती नावें
ढहते कूल कगार बाँध दो
लहरों पर पतवार बाँध दो ।

रचना

आज जो कुछ
लिखा तुमने...
फूल सा है
तुम समझ बैठे
स्वयं को ही परम आनंद
फूल के तो
पारखी हो !
फूल हो जाता सदा
बासा निकटतम दूसरे दिन
मित्र !
फूल को पीकर
जिओ भर !
लेखनी को
वृक्ष के निर्माण में
ज़्यादह लगाओ
वह न जाने
किस तरह के फूल देगा।

माप

सुनिए
एक काम करिए न,
आप!
अपने पास मत रखिये
'माप'
और बेचिए कोई तरल वस्तु
क्या कहा ?
ऐसा
नहीं कर सकते ?
तब भला बताइए
आप
जो एक आदमी हैं
ऐसा क्यों चाहते है ?
आपमें जो कमी है
वह पूरी हो जाये
बिना
आपकी गाँठ से
कुछ भी जाये।
बिना कोई तप किये
मत सोचिये –
कोई कहेगा 'एवमस्तु '
बिना माप के
मत बेचिए 'तरल वस्तु!'

चुप

चुप । चुप ।
लुट रहे मस्तूल
नाविक चुप
ख़ून जमा बर्फीली हवाओं से
तीर चले सर्पीली दिशाओं से
लुट रहा प्रवाह
निर्झर चुप
चुप । चुप ।
उलझे सब शिक्षित सर्फून्दों में
मृत्यु शीत – जमी हुई बूंदों में
लुट रहे चिनार
मौसम चुप
चुप । चुप ।
रोटी से हार गये सभी अर्थ
तरुणों की आँखे हो गयी व्यर्थ
बीत गये प्राण
जीवन चुप
चुप । चुप ।
चुप । चुप । चुप । चुप । चुप ।
जंगल में
अँधियारा – घोर – घुप
निझर गयी रात
सूरज चुप
चुप । चुप ।

संबोधन

पर्याप्त नहीं होता अब
उलझाव बालों का
जिन्दगी के उलझाव और भी
खूबसूरत पेंचदार हैं।

पर्याप्त नहीं होता अब
ढलाव सुर्ख गालों का
जिन्दगी के ढलाव और भी
लुभावने घुमावदार हैं

संबोधन किसे करूँ ?
स्थितियों के टीले पर से
पुकारते - पुकारते
मैं स्वयं
संबोधनहीन हो गया हूँ,
किसी रेशमी आंचल से
ज़्यादह महीन हो गया हूँ।
आकार अपर्याप्त है
पहिचाने जाने को अस्तित्व
हमारे होने में
बहुत ही आकार - हीन
आकृतियां भी व्याप्त हैं।

अस्तु,
समाप्त करता हूँ
कविता में
''तुम्हारे'' सम्बोधन की प्रथा
तुम्हारे आकार की व्यथा

सहानुभूति

न कोई अंधियारा भीख देगा
न कोई प्रकाश ठहराव।

रोज़ पूरी - पूरी सड़क में लोग,
समा जाते हैं कबूतर खानों में,
और तेज़ सांसों के सिवाय,
कोई आवाज नहीं बनती,
अकेलेपन की आग में
हर व्यक्तित्व को राख हो जाना है,

कौन किसी का हाथ
इतनी मजबूती से पकड़ सकता है ?
कि, जलने वाले की लपटों से
खुद भी झुलस जाये
एक ही वाहन पर बैठे लोग भी तो
एक्सीडेन्ट होने पर
अपने अपने घाव सहलाते हैं

हम,
सिर्फ़ बोलते हैं
किसी को सुनने की शक्ति से हीन
अन्यथा
जब कबीर ने ही कह दी थी
दो टूक बात

तो फिर
हम दर्द बाँटने के बहाने
किसी की दुखती रग पर
क्यों मारते हैं
सहानुभूति की लात ?
असंदर्भित है जिन्दगी
उतनी ही
जितना आधी रात बीत गये
चमगादड़ की आवाज
कोई कुछ नहीं जानता
न ध्वनि,
न शब्द
न अर्थ
पूरा का पूरा परिवेश
अज्ञात माँ के
अजन्मे शिशु सा है
जिसे उसने
सड़क के किनारे के वृक्ष तले
छोड़ दिया –
ज़िन्दा किलकारियाँ भरता हुआ।

चित्र – अंजली राउत

खेल

अभावों की शीत में
ठिठुरते – ठिठुरते
कविता की छोटी बच्ची
किसी भूखी आंख में
दहकते हुए सूरज की
तीखी धूप में
खेलने लगी टीस की धूल से
दुःख के घरघूले का खेल

समय का ठेकेदार

बैठता है
तो भी हिलता रहता है,
बे मौसम चेहरे पर फूल खिलता रहता है
जो अभी हुआ नहीं है
उसको
सौ प्रतिशत किया हुआ कहता है
पार उतरने के लिये
नाव पर बैठकर नहीं रहता
धार के आगे-आगे बहता है
आंखो में सपने नहीं
सच रखता है
मुटठी बांधकर
पटकता है मेज पर
मानो
जो निश्चय है
वह अभी इसी समय
मेज पर साकार हो उठेगा
कुछ भी अनकिया नहीं सोचता
वह जो सोचता है
उसे लगता है – हो गया है।
कल्पना के साबुन से
उसका सत्य कोई
धो गया है।

ठुकरा रहा हूँ अमृत

बीतता जा रहा है
एक मनुष्य
मेरे भीतर की सुरंग में बंद
लगभग नहीं ही होता हुआ
मेरे शरीर और मेरे मन द्वारा
जी जा रही जिन्दगी के लिए,
मैं इसीलिए तो ठुकरा रहा हूँ अमृत
क्योंकि यदि मान भी लूँ
कि इसी क्षण
मुझे मुक्त कर दिया जाएगा
तो भी
जो बीत गयी है मनुष्यता
बे पहिचानी
वह
मेरे अन्दर पैदा हुए मनुष्य को
सिर्फ बाहर आने देगी
किसी न किसी एक अंग के बगैर
और
मैं क्या करूंगा –
यदि मनुष्य बगैर सिर के ही हुआ ?
सिर के न सही,
बगैर आँख के या कान के
या हुआ बगैर हाथ के ही
या पांवों बिना हुआ

तो क्या करूंगा मैं ?
वैसे
कहीं कभी ऐसा हो कि
वह बगैर पेट के हो
तो शायद
मैं स्वीकार कर लूँ
तुम्हारा अमृत,
नहीं
तब तो जीत जायेगी भूख
क्या भूख ही पूरा
मनुष्य होती है ?

गूंगों का गायन

मुख्य अतिथि का माल्यार्पण,
अध्यक्ष का उद्बोधन,
और
कलाकारों का सम्मान
सब हो चुका है।
बहुत देर से
सभागार में
सुन्नपटाक सन्नाटा है
आयोजकों ने
उत्तम तिथि
और
मुहूर्त पर
वातानुकूलित
सभागार में
किया है आयोजन
सुर, लय, ताल में
चल रहा है,
शास्त्रीय गायन।
सम्पूर्ण तकनीकि विद्या
प्रयोग में है प्रयोजन के
किन्तु,
कोई भी श्रोता
कुछ सुन नहीं पा रहा है
तो भला इसमें

दोष किसका है–
कलाकारों का ?
तानपुरों, सारंगियों
तबलों और वीणाओं का ?
बिल्कुल नहीं
गायक एवं वाद्ययंत्र
गूंगे हैं
तो इस पर आप
हँस तो नहीं सकते
सुन्नपटाक सन्नाटे (अपंगों के लिए)
में कोई नवजवान
यदि कुछ बोले तो
वह बद्तमीज़
कहलाएगा;
गूंगों का गायन, वादन
पूरा होने दो
सुन्नपटाक
सन्नाटे में,
यह प्रजातंत्र का
सभा भवन है
जिसमें
दोष किसी का नहीं होता।

रंगो का सच

यह जो सफेद हुआ है
सच है
जो पीला है
वह वकील है
और नीला पड़ गया है
वह न्याय है
जो लाल-पीली हो रही है
वह राजनीति है
जो धूमिल-धूल-धूसरित सा है
वह विचार है
जो केसरिया है
वह आक्रोश है
जो काला है चमकीला है
वह भ्रष्टाचार है
प्रशासन है
जो हरा-भरा है
वह दलाल है
और जो मटमैला है
वह किसान है

पता

किसी को कुछ पता नहीं है
अपने घर के पते के सिवाय
और जिनके पास कोई घर नहीं है,
कोई पता नहीं है वे
तलाश रहे हैं कोई घर
कोई पता;

लेकिन बार-बार
अपने घर के पते पर
लौटने के बाद
सब जान जाते हैं
कि
उनका कोई पता नहीं है

वो घर, जो पता है
वह कभी नहीं
तो मौत के बाद
ज़रूर बदल जायेगा
किसी को पता नहीं है
उसका असली घर कौन सा है।

आशीर्वादी हाथ

हमारे सिर पर ,
बौने आशीषों के अधकटे हाथ हैं
सच बड़ी बेशर्मी के साथ
हम असमर्थ
अपंग कुरूपता के साथ हैं
ये आशीर्वादी हाथ,
हमारा मस्तक,
अपनी पहुँच से ऊपर नहीं उठने देंगे।
क्या बंद नहीं होगी
हमारे अस्तित्व पर
जन्मदाता की बाँझ संवेदना ?
अभी तक आदमी
क्यूँ नहीं सीखा
अपने हाथों रोपे गए बीज से
बीज और वृक्ष का संबंध?
सामर्थ्य
संबल की भूखी नहीं होती
मेरे दोस्त,
आंसू से भीग गयी ज़िंदगी
कभी सूखी नहीं होती
कुछ तो दो हवा
कुछ तो उमस कम होने दो
मत बनाओ हमें मॉडल
हमें बस हम होने दो।

चित्र – अंजली राउत

सलवटों का सरगना

गुम गया वातावरण के शोर में
न्याय की आवाज़ जैसा बचपना

गर्भ में ही तोड़ दी दम स्वप्न ने
सुना तुमने आस्थाओं के पिता
लौट आई जन्म की संभावना
देख कर संवेदनाओं की चिता

इंच भर तहदार आँचल के लिए
हुआ जीवन सलवटों का सरगना

एक बेतरतीब फेंके ढेर से
उद्देश्य हीना आयु के पत्थर ,
कोई आकृति उभर पाती नहीं
न ही ठहाके, न सिसकते स्वर,

दूर सबसे जले वन के छोर में
अधजला ज्यों किसी पीपल का तना।

रो पड़े सम्बन्ध अपने स्वार्थ पर,
सच सभी थे एक जाली संविदा,
चुप रहा आक्रोश अंगुली फोड़कर,
इस तरह इंसानियत ने ली विदा,

युवा स्नेहिल स्वच्छ ताज़े भोर में
धुंधलका आँगन तले छहरा घना।

प्रतीक्षा

उसके आने के पूर्व
प्राण पखेरू उड़ गये तो-
भेंट नहीं होगी
अधूरा रह जायेगा कहना-सुनना
और जिस आशा से
मैं बैठा हूँ, उनकी प्रतीक्षा में
मेरे साथ चली जायेगी
नहीं,
ऐसे ही कोई मर थोड़े जाता है यार!
वह आयगा
आशा दाता है ना
उसके पास बहुत काम होते हैं
आशा मांगने वालों की
बहुत लम्बी कतार है
उसमें हो तुम
वह आयेगा
और जो तुम चाहते हो
तुम्हे मिल जायेगा।
निहारो
निहारो
निहारो
टुकटुकाओ
टुकटुकाओ

टुकटुकाओ
आतुर तो तुम हो ही
और नहीं आया तो ?
सोचो नहीं आया
तो क्या करोगे ?
किन्तु अभी नहीं
जब न आये तब सोचना

क्या करेंगे ?

क्या करेंगे बैठकर,
रूमानियत की डाल पर ?
जब हमारी आँख में
''मोती'' नहीं।

हम धरा पर पेट भर पाते नहीं ,
चाँद की बातें, बताओ क्या करें?
दीप आँगन में, जला पाते नहीं
झूमती रातें, बताओ क्या करें ?

क्या करेंगे लगाकर
हम इत्र चन्दन भाल पर ?
जब हमारे पेट में
''रोटी'' नहीं।

प्रोत्साहन विवादों का, बस करो
कर्म हीना भूमि की सामर्थ्य क्या ?
भूख पीड़ित बालकों के सामने
खोखले विज्ञान का है, अर्थ क्या ?

क्या करेंगे खीझ ,
मन की पंगुता के हाल पर
तन हमारे चिन्दियाँ
''छोटी'' नहीं

मांगते जब शक्ति चलने की कभी
तुम हमें सर्कस दिखाते हो सदा ,
पूछते हैं हाल जब हम तीर का
तुम हमें तरकस दिखाते हो सदा ;

क्या करेंगे हम,
तुम्हारे करतबों की चाल पर ?
पेशियों में हमारी
"बोटी" नहीं।

तत्व पथ

देखो!
अनंतता की दूरी पर,
गगन की पृष्ठभूमि पर,
अनुपम,
अलौकिक स्थान पर,
वहीं जहाँ,
यह दिवस रजनी को अंक भर लेता है
वहाँ बर्फ़ ही बर्फ़ है ;
केवल बर्फ
उससे अंगारे निकलते हैं
एक-एक कण ,
सूरज सा प्रकाश देता है
वहाँ एक मानव है
हवा और जल का नाम नहीं है
केवल अंगारे ही हैं
एक मनहर मंदिर है
उसमे भगवान्
और पुजारी का काम नहीं है
बस
अखंडित,
आलोकित एक ज्योति है
जो आदि के बहुत पूर्व से,

प्रज्वलित है ,
वही जीवन तत्व है ,
उसका पथ
निर्विकार ,
निरंकार ,
निर्व्यलीक ,
निर्विरोध ,
असीमित है।
किन्तु
अवगुंठित है
उसका अस्तित्व है
किन्तु निर्माण नहीं।

हंस मिल गये रूप बदल कर काग में

नंगी कालिख
बिंधी रूप की भूख से
डेरा डाले दूधमोंगर के बाग़ में

अपनी बेटी दया, लिए संवेदना
भीख मांगती कफ़न रात से धूप का
खाली आँखे लिए अश्रु की याचना
प्यास बजाती हुक्म अँधेरे कूप का

जैसे विधवा
दु:ख दर्शाए चीख से
जिसका बच्चा जला पड़ोसी आग में
मुंह बिचकाकर लड़का कोई कार से
पैसा फेंके पात्र युवा भिखारिन के
फटे हुए व्यवधान आत्मा ढांपकर
वह बोले वे धन्य पैदा तुम जिनके

यह कैसा संयोग
दान का भीख से
ईश्वर चिंगारी क्यों धरता भाग में

किसी बड़े साहब की काली छोकरी
उजली चूनर पहने रेशम गोट की

और गरीबिन सहपाठी से व्यंग्य कर
हँसी उड़ावे सुन्दर मुखड़े खोट की

धोखेबाज़ समय की
गहरी सीख से
हंस मिल गए रूप बदल कर काग में

शिशिर आँख में रख लूँ

अपने घर का द्वार बंद हो ,
तो मैं शिशिर आँख में रख लूँ
जहाँ पड़ोसी हो यायावर ,
कैसे स्वप्न सुला दूँ हँस कर ?

सभी दरकती हुई दिशाएं
सदा चाँद पर ढंके धुंधलके
पूरा गाँव अश्रु का कैदी
भूख ले रही कड़े मुचलके

मेरी किरण पिये अँधियारा,
मावस सभी आँख में रख लूँ
पूरा सूरज जहाँ रो रहा,
कैसे सुबह सुला दूँ हँस कर ?

साहूकार आचरण करते
जैसे नंगा नीच भिखारी
बेच अर्चना पात्र धर्म से
पेट पालता रोज़ पुजारी

मेरा ईश्वर मृत हो जाए,
मैं संसार आँख में रख लूँ
सब के सब मंदिर पापी तो,
कैसे अर्घ्य ढार दूँ हँस कर?

वातावरण सिर्फ ज़हरीला
सभी हवाएँ जलन पालती
मुझको करुणा मिली सड़क पर,
रक्त प्राणियों का उछालती

पापी एक पुत्र हो माँ का ,
सभी अधर्म आँख में रख लूँ;
जहाँ पाप त्यौहार मनाये ,
कैसे गीत सुना दूँ हँस कर ?

चित्र – अंजली राउत

क़र्ज़

क़र्ज़-चिंतित रात
देहरी पर रखे सिर
सो गयी;
स्वप्न में दीखे तकादे
दुःख दृगों में नींद काढ़े
सुबह साहूकार
असमय हो गयी।

भूत का भय

तुम जो कभी,
एक क्षण भी
तपती हुई जिन्दगी की चादर पर
लेटे नहीं हो,
तुम जो किसी एहसास के
बेटे नहीं हो,
अपनी इन्द्रियों से ही अपने
मस्तिष्क को गति देने के लिए
घूस लेते हो,
जो संभव ही न हो
उसे भी महसूस लेते हो
कमज़ोर साहस के लोग तो
भूत का भय भी महसूसते हैं
मुझे हँसी आती है
कि लोग फल खायें तो खायें
गुठलियाँ क्यों चूसते हैं।

अमरत्व की भाषा

सांकल पर शोक
चौखट पर हर्ष
कोई दृश्यों को
प्यार करता है
कोई ध्वनि से,
कोई सिर्फ
चाहता है स्पर्श
किसी को
अपना बच्चा प्यारा है
किसी को पत्नी
तो
किसी को प्रेमिका
कोई प्यार करता है
माँ से
कोई बाप से
कोई सिर्फ
अपने आप से
और कोई
किसी को
प्यार नहीं करता
वह घृणा का
क़र्ज़ मांगता है,
समय वह भी
उधार नहीं करता
किन्तु
ठहरते नहीं

कभी भी चौराहे,
सरकती जाती हैं
शताब्दियाँ
हर खिलखिलाते
उत्तर की आँखों में
प्रश्न का एक
आँसू छोड़,
पचासों सपने
दिखते हैं मुझे
एक ही रात में,
मैं
अमरत्व की
भाषा सुन सकता हूँ
किन्तु,
बोल नहीं पाता
अन्यथा
क्या से क्या हो जाता
न सरकती शताब्दियाँ,
न डूबते उत्तर
मैं इतिहास मुखाग्र
दरवाज़े – दरवाज़े दुहराता
सारे सम्बन्ध
स्थिर हो गये होते
न कोई
किसी का पुत्र होता
न पिता,
न पुत्री,
न माता,
न ही वापस लौटती शाम
न सवेरा
अपना घर छोड़
कहीं जाता।

कितनी बार...

कितनी बार कल्पना शरमी?
कितनी बार भाव रूठा है ?
मेरे चित्रों की रेखाएं
सब कुछ बतला देंगी तुमसे।

कितनी शाम उदास पनघट ने
गागर की बाटें जोही हैं ?
कितने प्रात प्रकाश नटखट ने
तम चूड़ामणिया पोही है ?
कितनी बार ख़ुशी रोई है ?
कितनी बार अश्रु मुसकाया?
छंदों की नन्हीं बालाएं
सब कुछ बतला देंगी तुमसे

क्वांरी राका का मावस ने
कितनी बार किया आलिंगन
कितनी बार चमन ने हँसकर
कलियों को कह दिया अकिंचन
कितनी बार छला मोहन ने
यादें कितनी बार छल गयीं
मेरे जीवन की ग्वालायें
सब कुछ बतला देंगी तुमसे

पहिचानता हूँ ....

शब्द के जंजाल में मुझको भुलाओगे कहाँ तक
मैं अजाने अर्थ की भी बोलियाँ पहिचानता हूँ

मैं समय की आग
हस्त रेखाएं मिटाने सह रहा हूँ
व्यर्थ वातावरण की पोशाक मैली क्यों करूंगा ?
कालिखों से सबक ले
उजाले के फूल ही तो बुन रहा हूँ,
दिखावट परिवेश की अपने रुपहली क्यों करूंगा?

सर्वनामी पात्र से नाटक चलाओगे कहाँ तक
मैं तहों में दब गयी हर ज़िन्दगी पहिचानता हूँ

सिर्फ मेरा प्यार ही हो
या की मेरी भूख की उबकाइयां हों
मैं उन्हें मांगे हुए अलफ़ाज़ पहिनाता नहीं हूँ।
भगवान् से भी किये हैं प्रश्न मैंने
अंध श्रद्धा से कहीं भी फूल बरसाता नहीं हूँ।

कटघरे में न्याय को दोषी बताओगे कहाँ तक
मैं वकीलों के हृदय की भंगिमा पहिचानता हूँ

गणित

गर्मी की बुढ़िया दोपहरी
धरती के कमरे में पसरी थी
दरवाज़े पर
दस्तक हुई
किवाड़ खुले
पावस अन्दर आ गयी
दोपहरी सहम गयी
बिना कुछ कहे
उठ खड़ी हुई
वर्षा ने उसे छाती से लगा लिया
किन्तु आँसुओं की ठंडक से
दोपहरी की जलन
और बढ़ गयी
धरती को लगा
कोई गया – कोई आ गया
जाने वाले का दु:ख
आये की ख़ुशी
दोनों
धन – ऋण
बराबर शून्य

राह की माँ

राही हैं
मस्ताने शाही हैं
तांगे हैं, मोटर हैं, रिक्शे हैं, बग्घी हैं
---आते हैं ,जाते हैं
चहल पहल, हलचल है
खलबल है
पर देखो
बाजू किनारे से
पुल के सहारे से
हिलता सा पत्थर है
कैसा - वह थर-थर है
नहीं, नहीं
चिथड़ों की गठरी है
भीतर एक ठठरी है
कुछ भी है पास नहीं
खाने को घास नहीं
रूकती भी सांस नहीं
कैसी मजबूरी है
या
कोई दूरी है ?
आओ तो जगवालों
प्रकृति में तुम्हारी जो
माता की पूजा का
वह पनघट पहला है

उससे ही
संस्कृति की साड़ी का
आँचल रुपहला है
रंग भी सुनहला है
लाओ तो जगवालों
वे पन्ने फाड़ दूँ
वे अक्षर नींव से उखाड़ दूँ
इस बूढ़ी माता की
जर्जर इन आँहों से
कातर निगाहों से
रच दूँ मैं नये वेद
नव –युग के
बेटों के ।

चित्र - अंजली राउत

तुम्हारी याद

सोते सोते
अचानक मुझे ऐसा लगा
शायद,
दरवाज़े पर...
तुमने दस्तक दी हो
उठकर
दरवाज़ा खोल दिया
उदास दोपहर
कमरे में आकर बैठ गयी
हाँफती लू,
कुछ परेशान सी
उसके पीछे थी
और कोई न था
मैं ...
फिर ...
किसी अनट्रेंड टाइपिस्ट सा
स्मृति के कुंजी पटल पर
अंगुलियाँ चलाने लगा
शायद
कोई नई कविता टाइप हो जाये।

सन्दर्भ समय के

एक तरफ अभाव के बच्चे ,
एक तरफ तुम अलकें खोले ,
जैसे सिसकी लेते-लेते ,
कोई बरबस हँस कर बोले।

प्रश्न चिन्ह आँखों में वय के,
ऐसे हैं सन्दर्भ समय के।

गगन फैलता है सपनों में,
पाँवों में भूखंड कटीले,
चेतनता उचेल देती है,
अनुभव के दर्शन सपनीले।

रेखा-रेखा अनुलोमी है,
व्यास वक्र डर कर त्रिकोण से,
त्रिभुज दिशाएं, परिधि भावना,
सपने निर्मित न्यून कोण से,

अंक पराजित हुए विजय के
ऐसे हैं सन्दर्भ समय के।

सूर्य और मजदूर

सूर्य तुम भी थकते हो क्या ?
सूर्य तुम थकते क्यों नहीं हो ?
तुममें और मजदूर में क्या फर्क है ?
सुबह तो तुम्हारी तरह ही
वह भी तरोताज़ा
घर से अपने काम पर निकलता है,
शाम को वापस लौटने के लिये।
फिर शायद इसलिये या फिर
क्या पता किसलिये
मजदूर थककर चूर-चूर हो जाता है
वह जो चाह रहा है
न कर सक पाने के लिये क्षुब्ध
क्रुद्ध खिसियाता है
अपनी बीवी के लिये गर्व
और बच्चों के लिये खुशियाँ
नहीं खरीद पाता
नोचता है बाल,
दहाड़ता है,
पीकर टुन्न हो जाता है
कि तुम्हें भूख नहीं लगती
कि तुम्हें प्यास नहीं लगती
कि तुम्हें तुम्हारा बॉस
काम करते वक्त
गालियाँ नहीं बकता।

कि तुम्हें काम करते हुये भी कोई
नहीं कहता हरामखोर
कि तुम्हें निर्जीव नहीं होना पड़ता
कि तुम्हारी बीवी भूखी नहीं है
या तुम्हारे बच्चे नहीं मांगते खुशियाँ
तुम भी पीकर टुन्न क्यों नहीं होते ?

परिवेश

इस मुहल्ले की शाम में कोई सौन्दर्य नहीं होता
पूरे के पूरे परिवार के सदस्य
अपने चेहरे की झाईं से कालिख को और तीखा कर
देते हैं
पिता
अपने माथे पर पड़े दर्रे टटोलते हैं
और किसी बरम, काल भैरों या मरही माता के
चबूतरे -
पर बैठ गांजा चढ़ाते हैं
फिर खोखली आँखों के खंदकों से
अपनी किस्मत के काले आकाश की ओर
दुकटुकाते टुकटकाते
थक कर सो जाते हैं
माताएं (जिन्हें मिर्गी का रोग है)
जिनके पीछे उनके चार-चार, छः-छः बच्चे
पालतू कुत्तों के पिल्लों की तरह
रिरियाते चलते हैं,
अपने सिर पर
कमाई के चारे का बोझ ले
बाज़ार से लौटती है
और
उधार लेती है
देहरी के बुझे दीपक के लिये मिट्टी का तेल
भूखे बच्चों के लिये आटा
और ....
और पियक्कड़ पति के लिये गालियाँ

फिर वापस घुस जाती हैं
पालतू गाय भैंसों की तरह
अपने गोबर से गंधाती सार में
एक रात और सड़ जाने के लिये ।
जवान लड़के लड़कियाँ
चिथड़न लपेटे
अपने मां-बाप की ठंडी आहे पीते हैं
और
किसी कोढ़ी सरीखे अस्वस्थ कुंए पर
अपनी-अपनी खाली
मटकों
या बाल्टियों में
निहारते हैं
अपनी उम्र का खालीपन
बेटियां
नई कामदार चूड़ी के अभाव में
अपनी जिन्दगी के दुख से भर जाती हैं
और उन्हें खरीद दी जाती हैं
काँच की मामूली चूड़ियाँ
बेटे-
अपनी आँखों में तेज भरने के लिये पीते हैं बीड़ी
और तम्बाखू में घुले हुए अपने पुरुषत्व से
हांकते हैं तुचके पेट वाले बैल
बच्चे-
कनेर की डंठलों से बच्चे !
हतप्रभ
विचारवान चिंतक की तरह
गंभीरता से
अपने चारों और फैले गरीबी के सन्नाटे पर
खिलखिलाते हैं
मानों अभी-अभी
अपनी माताओं के सूखे स्तनों से लिपट जायेंगे।

सच

जिस बाग़ न खिलते सौरभि वाले चंद फूल
उस ओर न भँवरे जाते दिखते कभी मुझे।

दर्शन केवल है बात,
पुस्तकों की भाई,
जब -जब भी पीड़ा मेरे
मन पर भरमाई

लोगों ने आ कर
अश्रु और बरसाए हैं
पर मेरे आँसू नहीं
कभी बंट पाए हैं।

जिस ओर स्वार्थ न हो ,एक कंकर का भी,
उस ओर आदमी बढ़ते दिखते नहीं मुझे।

यह नियम नहीं पर
होता ऐसा ही आया,
जब किरण छोड़ती साथ
दूर होती छाया

चाहे जाता हो अम्बर ही,
यदि वीराना,

ऐसा पथ, देखा नहीं
किसी ने, पहचाना

जिस पथ के माथे, टीका हो भरमालय का
उस ओर मुसाफिर जाते दिखते नहीं मुझे ।

वह मंदिर जो कि
आज हो गया है खण्डहर
वैसे, अब भी तो रहते हैं
उसमे ईश्वर

लेकिन, केवल बीहड़ का
उससे नाता है,
यह तथ्य स्वयं मुझसे
ऐसा कहलाता है

जिस ईश्वर के मस्तक पर होता नहीं कलश
उस ओर पुजारी जाते दिखते नहीं मुझे।

सभी अकेलेपन में दक्ष

हर आँगन में सूखे वृक्ष

सब की साँकल सूखे साँप
सब दरवाज़ों पर संताप
भूखे चित्र – निर्वसन दृष्टि

संग चिलकते स्वागत – कक्ष।

ठहरे – ठहरे गति के पंख
मौसम के हर पहर निरंक
दुधमोंगर के श्यामल अंग।

छुई-मुई के नंगे वक्ष।

किरण, प्रकाश मांगती भीख
दाताओं में तिमिर सरीख
रोज़ बबूलों का त्यौहार

नागफनी के चंदन पक्ष।

न माँ-पिता न भाई-बहिन
सन्नाटे सब झूमर पहिन
रिश्तों की लोरी दे रहे।

सभी अकेलेपन में दक्ष।

चित्र - अंजली राउत

एक वादा

एक वादा है मेरे पास
सिर्फ आँखों का
एक पंछी हूँ मैं
भीगी हुई पाँखों का
पाँव की बेड़ियाँ
भारी हैं बहुत भारी हैं
और पहरा है
चुभती हुई सलाखों का।

दुराव

मुझे सूरज रोज़ रास्ते में मिलता है।
हवा मुझे खिलाती है।
धरती मेरे पैरों तले ही रहती है।
आकाश मेरे सिर से नहीं हटता
और क्या सबूत चाहिए तुम्हें
मंदिर की सीमा का ?
अलग से बनाये गये मंदिरों में मैं नहीं जाता
किन्तु,
तुम्हारे भगवान की दी हुई
सभी खुशियाँ मेरी हैं।
फाइलों या कलों पर खेलती
थकी हुई अंगुलियों को
मेरे आँगन का गुलाब भी
चूम चूम कर हल्का कर देता है।
मुझे देखकर भी सीताफल आँख खोल देते हैं।
पड़ोसिन गाय का बछड़ा
मुझे देखकर भी कुलांचें भरने लगता है।
सच, कोई दुराव नहीं है
दफ्तर या मंदिर में
कल में या खेत में
मेरी मेहनत कसी मुट्ठी में
या भूखे पेट में।

आँगन-आँगन आँसू फूले

आँगन-आँगन आँसू फूले

किरण-किरण के आँचल खून
आँखों आँखों पर नाखून

धूप शाम के सर पर झूले

धुआँ बरसता धुंधली दृष्टि
आग हो रही सारी सृष्टि

शूलफनी के अम्बर फूले

अंग निर्वसन हृदय गुनाह
सभी भिखारी जहाँपनाह

मुस्कानों के घर बर्गूले

सभी दिशाएँ शातिर चोर
तिमिर सभाएं चारों ओर

पथ दर्शक लुटने पर तूले

मंदिर पापों की चौपाल
छुई मुई के नंगे गाल

और पुजारी पूजा भूले

भूख सभा की है अध्यक्षा
रक्षक स्वयं मांगते रक्षा

नेतागण सब लंगड़े लूले

तुम यदि होतीं

मैं सुबह को प्यार करता
तुम यदि होतीं किरण का फूल
रोज़ दुधमोंगर
खिला करते द्वारे
धूप के संग
छाँव से रह कर किनारे
मैं लहर को प्यार करता
तुम यदि होती कहीं मस्तूल
आँख में आकाश
अंचल झिलमिलाता
चाँद तारे रात
सब के संग गाता
स्वप्न को मैं प्यार करता
तुम यदि होती हृदय की भूल
चित्र सारे धुंधलके
को पिला देता
ईश्वर की आत्मा
तिलमिला देता
मैं नमन को प्यार करता
तुम यदि होती चरण की धूल

मन दिया तुम कब जलाओगे ?

ये माना जल गए दीपक मुंडेरों पर कंगूरों पर
मगर ये तो बताओ मन दिया तुम कब जलाओगे ?

जहाँ पर झोपड़ी थी अब वहाँ पक्का महल तो है
मगर स्वामित्व पर हैं कालिखों के हाथ मटमैले
जैसे नाम धरती से मिटाने को गरीबी का
दीनता का जन्म स्थल मोल श्री ले-ले

निशा के साथ समझौता - किरण के साथ बदमाशी
उजाले के ये उत्सव इस तरह कब तक मनाओगे ?

ये उनका गीत है जो रौशनी को प्यार करते हैं ,
मगर देहलीज़ जिनकी रौशनी से अभी तक खाली
ये उनका प्रश्न बँटवारा ग़लत है रौशनी का क्यूँ ?
ग़लत है पड़ौसी पर शोक अपने घर हो दीवाली

सुखों की श्रृंखला निर्धन अपंगों में न बँट पायी
कहाँ तक जिंदगी की यात्रा का दु:ख बँटाओगे ?

अराजकता सही है यदि हुई हो पेट की खातिर
लहू बहने लगे अच्छा जहाँ पर न्याय बिकता हो
वहाँ पर आँख अपनी फोड़ लेना लाज़मी है दोस्त
जहाँ पर भूख से ईमान का आँचल सरकता हो

कहीं जो बुझ गयी इंसानियत की ज्योति धोखे से
जलेगा आदमी उस आग को कैसे बुझाओगे ?

बहुत मुश्किल है भड़क कर क्रांति का रुकना
जहाँ पर चाल हर क्षण देवताओं की दुरंगी हो
सबेरा रौशनी को अर्थ देने से हिचकता हो
जहाँ पर श्रम अनादृत हो, जहाँ सच्चाई नंगी हो

देश के खिलते बगीचे में अभी तक लोग हैं प्यासे
बताओ बंजरों में बालियाँ कब तक उगाओगे ?

ओ – विपथगा

आस्था के अकारत विश्वास रखकर ताक में
शून्यता से मूर्त रिश्ता पालता है बावरे!
सह नहीं पाते हृदय का बोझ इतने जर्जरित
स्वप्न तेरे नींद आने की मनाही से डरे

कौन तेरे सिवा जिससे कह रहा तू 'तुम' बता
जो धुंधलके आवरण के भ्रम सभी तोड़े भला
युगों से जो राह अन्वेषित असंभव ही रही
व्यर्थ फिर क्यूँ उसी पर तू दीप तन का दे जला

सोचने की शक्ति से ले कर्म के आयाम तक
अर्थहीना मौन आवाज़ें लगा सुनने अचल
समय ने साखी निभा दी है मरे विश्वास की
आज जो आया न कह कर आयेगा न कभी कल
स्वयं के मस्तिष्क की लौटी हुई परछाइयाँ
देख कितनी ओढ़ पाती धूप सच के सूर्य की
तज सकेगा क्या स्वयं की अनबुझी तानी तृषा
तृप्ति जब जननी रही है भोग की ऐश्वर्य की

निरर्थक है खोज खुद की गुम गए बाज़ार में
अनिश्चित हर एक पल तुझको घटाने में लगा
भावना निर्मूल्य खाली एक उलझन वृत्त है
'वस्तु- सच' है सिर्फ सच
ओ रे भ्रमित ओ–विपथगा!

चित्र – अंजली राउत

लैम्पपोस्ट के दिए के उदगार

सोचता हूँ –पी सकूँ, पी जाऊँ नीरवता सभी
सोचता हूँ –लौ बढ़ा दूँ तिमिर के उस पार तक
धुला दूँ सारे धुंधलके शून्यता के नयन के
चित्र सारे दिखा डालूँ रेख से आकार तक

साथ केवल निशा की बेटी अकेली है मेरे
वचन दे आया दिवस को चलूँगा अंगार पर
और अपने जनक के खातिर अभी करना मुझे
प्राण न्यौछावर कुँवारे अनबसे अभिसार पर

सोचता हूँ एक हूँ केवल अकेला मैं दिया
एक तिनका हूँ अकेला किनारे से धार तक
या जगत के सामने उद्धरण हूँ ताज़ा खिला
बिताता जीवन विहँस दीवार से दीवार तक

जिंदगी में जलन भी कितनी सुरभि दातार है
सोचता हूँ क्या जलन से रोशनी होती सदा ?
या जलन का रोशनी बस एक दूजा नाम है
बिन जलन के अँधेरे से मिल नहीं सकती विदा

भाई ! तुम क्यों पूछते हो जलन का कारण मेरी
क्या जलन की माधुरी से ऊब आए हो यहाँ
किन्तु ऐसा लग रहा है तुम जले शायद नहीं
यदि जलन कुछ गुनगुनाती रोशनी होती वहाँ

हर जलन जी से लगा लो और मुस्काने लगो
हर तिमिर के प्राण पर तुम रोशनी का माथ दो
नमन कर हर पाँखुरी को प्रेम का आशीष लो
मैं तिमिर को चीरता हूँ आओ मेरा साथ दो

देवता

सूर्य छोड़े
दिवस का जो साथ
संभव
किन्तु
मेरे देवता का
छोड़ कर
मुझको चला जाना
'असंभव' है;
टूट जाऊं
है पराये हाथ की ये बात,
किन्तु,
परिस्थिति की ठोकरों से
मेरी आस्था का
लोच खा जाना
'असंभव' है।

निवेदन

मेरे गीतों के साथ तुम्हारा चल पाना
नामुमकिन सा दिखता है

मेरा हर आँसू गीतों में ढल जाता है
पीड़ा मेरी कुछ लोचदार है-शर्मीली
हर बीता क्षण बन मधुर पल जाता है
हो पातीं आँखें कभी नहीं मेरी गीली

मेरे आँसू को खुशियाँ देकर छल जाना
नामुमकिन सा दिखता है

कोई भी कच्चा माल उसे चाहिए नहीं
घर की खेती है - होता कभी नहीं घाटा
ढलते जाते हैं गीत कारखाना चलता
कुछ पता नहीं किसने बोया किसने काटा?

इन अनदेखी फसलों का गुपचुप जल जाना
नामुमकिन सा दिखता है

मेरे गीतों के गालों पर ऐसी लाली
जो रोज़ सबेरे सूरज दान मांगता है
मत करो यत्न बेड़ियाँ बाँधने का असफल
यह नयनों में रहकर आकाश लाँघता है

फिर अभी सुबह ही उस लाली का ढल जाना
नामुमकिन सा दिखता है

अभी भूख कम नहीं हुई

परसने वालों कुछ और परसो
अभी भूख कम नहीं हुई

हर चेहरे पर तपती है आँच
सीने में बुझे जहरीले काँच
माँ बीमार है मुरझाई हुई
बेटे मस्त हैं देखने में नाच।

बरसने वालों कुछ और बरसो ,
अभी धूप नम नहीं हुई।

खेतों में बोते हैं लोग अब नीम
मुस्काने खाती हैं रोज़ अफीम
दर्शकों की आँखें हैं नुकीली
दृश्य हैं सुन्दर उथली है थीम

दरसने वालों कुछ और दरसो
अभी भीड़ हम नहीं हुई।

नशे में तालाब भी दिखता मैदान
बंजर या बीहड़ होते उद्यान
अपने पिता आदमी थे या शैतान
ये प्रश्न पूछते नहीं इंसान

तरसने वालों कुछ और तरसो
अभी तृप्ति सम नहीं हुई।

कर्तव्य समर्पित नहीं करूँगा

चाहो तो मेरे अधिकार सभी छीनो तुम
मैं अपने कर्तव्य समर्पित नहीं करुँगा।

बस्ती के आँगन का मालिक
अफवाहों का संबंधी है,
तुलसाने से अमलताश तक
एक झूठ की गंध बँधी है,

चहो तो शब्दों - शब्दों ज़ंजीर बाँध दो
मैं अपने वक्तव्य समर्पित नहीं करुँगा।

बहुतेरे गुलाब हैं, जिनके
आँगन नागफनी फूली है
बहुतेरे कचनार कि, जिनके
कंठ बबूलों की शूली है

चाहो तो डाली - डाली के कान भरो तुम
मैं अपने मंतव्य समर्पित नहीं करुँगा।

वे जिनके प्रणाम सूरज ने
हँस - हँस अस्वीकार कर दिये

जिनके बच्चे मलय पवन ने
दुलराकर बीमार कर दिये

उनके आँसू ने, सौगंध दिलाई है मुझको
मैं अपने गंतव्य समर्पित नहीं करुँगा।

जला ठूँठ

पहले मैं भी देता था फल
छाया थी गुच्छों वाली।
बड़े कंगूरे गगन चूमते
प्रहरी थे डाली-डाली।

पुष्पित होता था क्रमशः मैं
फल आते पाली-पाली;
होंठ चाटते थे राही जब
उन पर आती थी लाली।

एक बार मेरी मधुमाता
न जाने वो कहाँ गई;
उसके साथ मेरी दीवानी
खुशियाँ सारी चली गईं।

फिर न निशा का अंत हुआ
न आया वो हँसता प्रात;
न नहलाया मुझे किसी ने ,
पत्तों से ढाका न गात;

पड़ी धूप मेरे ही तन पर ,
वर्षा हुई, पड़ा पाला;
फल के इच्छुक थे बहुतेरे,
बना न कोई रखवाला;

पहले मुझ पर मार कुल्हाड़े,
धरती पर था गिरा दिया,
जितना बना काटते काटा,
बाकी को था जला दिया;

उन्हें न स्मृति वे फल आये,
न छाया की आई याद ,
जिसने उन्हें दिया था जीवन,
सदा हरा था पथिक विषाद।

वैसे मेरे परम मीत वो,
अब भी आते जाते हैं ,
पर अपनी कृतघ्न स्मृति में,
मुझको कहीं न पाते हैं;

यूँ तो चक्षु जल चुके दोनों ,
पर उर ने आँखें खोलीं,
इस अचेत ठूँठे ने भी ,
अब समझी है मानव बोली।

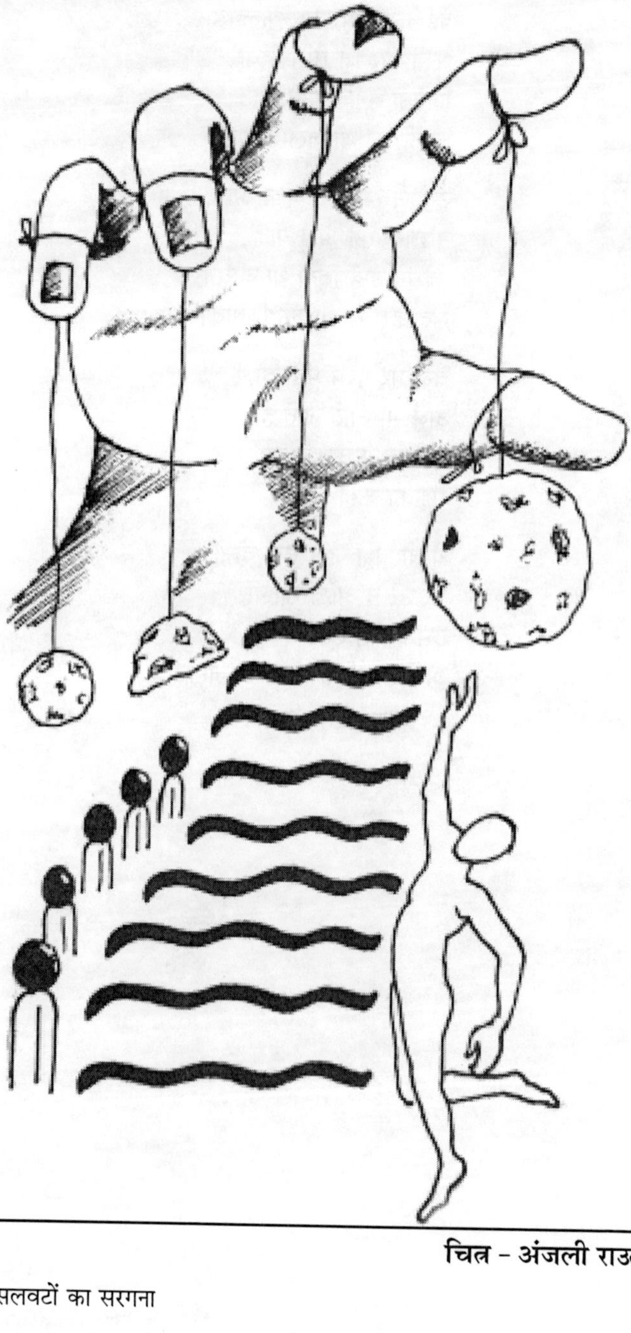

चित्र – अंजली राउत

रोटियाँ

मेरे पास पैसे नहीं हैं,
मुझे शराब की नहीं
केवल रोटियों की जरूरत है ;
रोटियाँ मांग कर खाना पाप है
इसलिए मैं,
अपना शरीर बेचता हूँ
किन्तु इंसानी शरीर के भाव
रोटियों की कीमत से कम हैं।
मेरे दोस्त मुझे
संवेदना के बेशुमार तीर मारते हैं
और जब मैं,
दर्द से कराहता हुआ
अपनी माँ के पास जाता हूँ
तो वह
मेरे एक-एक घाव को
प्यार के तेजाबी प्यालों में डुबोती है
(रोटियों के आभाव में)
मैं अपनी तेज़ाब सी आँखे
ईश्वर की ओर फैलाता हूँ
तो वह मुस्कुराता है
(उसे भूख कहाँ लगती है ?)
और मुझे
विश्वास के जहरीले समुन्दर में
फेंक देता है।

और जब
मैं अपने विष बुझे अंगो से
दुनिया की तरफ तैरता हूँ
तो इंसानों के झुण्ड के झुण्ड
तालियाँ बजाते हैं
क्यूंकि अब मैं रोटियाँ नहीं मांगूगा।

सफलता का पंजाब

महिनत करने वालों की मुट्ठी में सूरज रहता है
तपन
यात्रा है ,
कमल है,
गुलाब है,
जैसे आग में लपटों का शबाब है।
ठीक उसी तरह
आग
मेहनत
धूल
टीस
और मुस्कुराहट की नदियों से बनता
सफलता का पंजाब है

दृश्य उजड़े नीड़ के

याद आये जब अचानक,
दृश्य उजड़े नीड़ के
फिर अकेले हो गए
सन्दर्भ पूरी भीड़ के।

शाम निर्वसना उदासी से घिरी द्वारे मिली,
बंद साँकल खोलना मुझको पुनः भारी लगा
स्तब्ध दरवाजे अबूझे प्रश्न से खाली विवश,
अकेलापन हो गया खामोश साँसों का सगा।

काँच बिखराए किसी ने
अँगुलियों से मीड़ के
याद आये जब अचानक
दृश्य उजड़े नीड़ के।

दीर्घ है अपनी ख़ुशी के न्यून कोणीय त्रिभुज से,
सूर्य भक्षक तिमिर पालक शाम का सम आयतन
यह गणित है, भावना का शत्रु है ये बेखबर,
क्या करूँ जो कल्पना की हठ पकड़ता क्षुब्ध मन

स्वप्न मेरे सूत के
तो सत्य चितले चीड़ के

फिर अकेले हो गए
सन्दर्भ पूरी भीड़ के।

किस तरह सुलझाऊं उलझी दृष्टि की ये गुत्थियाँ,
धूप आँखों की सलाई ले नमूने बुन रही
जानता हूँ अभावों में प्यार पलता ही नहीं,
अनुभूति नाहक फूल पागल टीस के ही चुन रही

एक झंझावात
दूजे दर्द टीसे रीढ़ के
याद आये जब अचानक
दृश्य उजड़े नीड़ के।

अद्धाझारा, अकौआ और गुलाब

अद्धाझारा और अकौआ फूले
कहाँ खिलें पारे सा तन लिए गुलाब

परछाईं लिपटी साँकल से
प्रयत्नों के बालक कैदी
संशय की कारा में कल से

आगंतुक परिचित संबल पथ भूले
झूम रहे पी-पी ध्येय की शराब

धुंधआती साँसे सूली पर
मृत्यु तले प्राणों का ईसा
पुस्तकें - नियमों की सहेजे
कुरूपता हाथ लिए शीशा

पथ दर्शक बरबस लुटने पर तूले
समय को अचानक क्या कहें खराब

अनुगामी बुद्धि के दिखाते
रोज़ सुबह शब्दों का सर्कस
आकाश बिंध गया लहू से
न तीर ही कहीं न तरकस

उपलब्धि के पृष्ठ आलोचना भूले
पता भी नहीं मूल कथा की किताब

मेरे होने की वजह

कल रहूँ, न रहूँ
अभी तो मैं हूँ ;
मेरे होने से ही
जिन्दा है सब कुछ
ये कमरा,
उसमें रखी जिन्सें,
और रौशनी,
अकेला होने का
एहसास,
चन्द लम्हों बाद
किसी के आने की प्रतीक्षा,
प्रतीक्षित ज़रूरत
ज़रूरत के लिये
जो कुछ दिया जायेगा
या
लिया जायेगा
सब मेरे होने
की वजह से ही है
अभी तो मैं हूँ
कल रहूँ या न रहूँ ;
आवाज़ सुनी नहीं जाती
यदि मैं नहीं होता
देखी नहीं जाती प्रतीक्षा,
दिया नहीं जाता देय,

लिया नहीं जाता प्राप्य
और सब कुछ
ज़िन्दा नहीं होता
कैसा मज़ा है
यह महसूस करने में
कि
मैं हूँ तो लेकिन
मेरी होने की वजह मैं नहीं हूँ।

केवल शहर

अंधकार के मलबे के नीचे
मेरी लाख-लाख
किरणीली इच्छायें
दब कर मर गईं;
पूरा का पूरा शहर
हो गया किसी इश्तेहार का पृष्ठ

शहर के प्रत्येक निवासी ने
अंधेरे को शाबासी दी।

शहर के प्रत्येक निवासी ने
मेरी किरणीली इच्छाओं को प्रणाम किया

शहर के प्रत्येक निवासी ने
मलबे से घृणा की।

शहर के प्रत्येक निवासी ने
इच्छा को नाकांक्षी कहा।

शहर के प्रत्येक निवासी ने
मृत्यु को छल कहा।

शहर के प्रत्येक निवासी ने
मुझे कहा अपना,
अंधेरा मेरी आंखों में हो गया
और घना।

क्या सचमुच,
शहर के निवासियों में
मैं हूँ शामिल।
क्या सचमुच,
शहर के प्रत्येक निवासी
और मेरा
एक ही है दिल ?

मैं अम्बर गोद खिला आऊँगा

तुम भर मेरी आशाओं को
पथ उनका बतलाते चलना
धरती की कुछ बात नहीं,
मैं अम्बर गोद खिला आऊँगा।

बहुत खिलेगा चाँद,
पूर्णिमा से आगे फिर क्या जाएगा ?
बहुत हँसा जो तिमिर,
अमावस की गोदी ही भर पायेगा।

तुम भर मेरे मौसम को,
हौले-हौले सहलाते चलना
मैं पतझर में भी बगिया का,
दूल्हा ढूँढ मिला आऊँगा

बहुत उड़ी जो पवन ,
बवंडर से ज्यादा क्या बन पायेगी ?
बहुत बहेगी नदी कहो,
सागर के पार कहाँ जाएगी?

तुम मेरी पूजा के भर ,
फूलों को साथ जुटाते चलना
मंदिर की कुछ बात नहीं,
मैं तो भगवान हिला आऊँगा।

प्रश्न यह संवेदना से

अश्रु मृत हैं व्यर्थना से
इसलिए रोता नहीं हूँ,
अधिकतर मैं जहाँ
रहता हूँ, वहाँ होता नहीं हूँ

अनियमित अलगाव अधिकृत
पूछने को नाम रूचि का
अँगुलियों में पल रहा है
एक शिशु सुकुमार गति का

कहाँ अब तक उगे दाने
अश्रु से या वेदना से
वस्तु सच अब पूछता है
प्रश्न यह संवेदना से

धुंआ निश्चित नहीं केवल
आग लड़ती है निशा से
जिस दिशा में जा रहा हूँ
आ रहा हूँ, उस दिशा से
भावना के शहर में,
नवजात मन खोता नहीं हूँ,
यहाँ बुझता वहाँ जलता
सूर्य हूँ सोता नहीं हूँ

यह न होगा

यह न होगा कि सितारे डूब जाएँ बिन हँसे,
मैं गगन की आस्था को तड़फड़ाती छोड़ दूँ

यह न होगा जीर्ण मानवता कसम खाती रहे,
और मंदिर देवता के दंभ से पलता रहे

यह न होगा आरती होती रहे नीलाम,
और अर्चन दीप गुपचुप आंस से जलता रहे

यह न होगा कि अँधेरा खिलखिला हँसता रहे,
चाँदनी की बच्चियाँ रोती रहें व्याभिचार में

यह न होगा ज़िंदगी बांधे खड़ी हो टकटकी,
मौत के क्षण रह रहें बेहोश हो अभिसार में

यह न होगा की सदन के स्वर संवर सजते रहें,
और कुटिया को अँधेरी हड़बड़ाती छोड़ दूँ

यह न होगा कि किसी की आँख के आँसू बिकें,
और युग के गीत बस शहनाई पर चलते रहें

यह न होगा आरती की लौ शरम खाए खड़ी,
और धू-धू चिताएं विश्वास की जलती रहें

यह न होगा फ़कत रोटी के निवालों के लिए,
ही किसी इंसान की किस्मत गढ़ी जाती रहे

यह न होगा मंदिरों में माँ न मेरी गा सके,
वैश्याएँ यूँ सरे बाज़ार इठलाती रहें

यह न होगा हर गली में मौत का ब्यौहार हो,
जिंदगी को मैं अधूरी लड़खड़ती छोड़ दूँ

जब . . .

और जब,
मैं यहाँ से चला जाऊँगा
मेरा किसी भी गुलाब से कोई रिश्ता नहीं होगा,
मैं अपेक्षा नहीं करूँगा
किसी की नीलम आँखों के
कोरे कागज़ पढ़ने की,
न ही खुशियाँ
(जो सिर्फ मेरी रहेंगी)
खरीदी जायेंगी मुझसे आँसू के बदले
तब मेरा अपनत्व
किन्ही शर्तों पर नहीं चढ़ाया जायेगा
सच,
मुझे जाना ही होगा
आत्म से अनात्म की ओर
तो मृत्यु आओ
मुझे अंगीकार करो।

मैंने सुना है
और मुझे विश्वास भी है
कि मौत,

तुम किसी के साथ विश्वासघात नहीं करतीं
ज़िन्दगी की तरह,
तुम मुझे नहीं ठुकराना
ओ मेरी मृत्यु!
तुम मुझे नहीं ठुकराना।